咔嚓—
高级

選舉萬
好家鄉麵店

法院長動用國會警察權。
許信良
新精神
民主．效率．
新人物
學養．理想．擔當
新桃園
繁榮．潔淨．安康
咔嚓！

民主星火

漫談台灣——通往黎明的路上 Vol.3

1977 衝破戒嚴的枷鎖

製作人 張辰漁／編劇 陶曉嫚／繪製 爛貨習作／田調 陳力航

推薦序

由桃園中壢事件吹起的台灣民主星火

陳板（客家公共傳播基金會董事長）

拿到《民主星火》的樣本，讓人眼睛為之一亮，竟然有人願意以中壢事件當題材畫漫畫，實在太感動了。中壢事件發生在解嚴之前十年的一九七七年，這場驚天動地的街頭運動竟然發生在向來被認為政治態度最保守的客家地區。作者在漫畫裡頭雖然沒有特別彰顯客家因素，但桃園是全國客家人口（七十八點五萬人）最多的縣市，而中壢則是全國客家人口（二十一萬人）最多的鄉鎮市區，在客家地區發生了政治解嚴之前的民主行動，實在是一個值得寫入台灣客家運動的史前史呀！

一九七七年某一個天氣涼爽的午後，我和國中時期的同學騎著自行車在關西東安國小附近閒晃，忽然間一陣風似的，有人急急忙忙傳來一段話，「中壢那邊出事了！」說完又如一陣風般吹走了，留下頭上一頭霧水的我們。當年我們剛剛考上不同的高中，還沒有投票權、也沒有管道可以瞭解「中壢那邊」究竟發生了什麼事。但，詭異的氣氛卻深深印入我心底。中壢到關西約三十公里，那個年代的交通只能依靠新竹客運，沿著中豐公路（現在為台三線）可以串在一起。當時新聞沒報的，卻在路上聽到了。直到解嚴之後才知道，當天下午那陣風吹過來的是指「中壢事件」。

中壢位於鐵公路交通的樞紐，許多客庄年輕人沿著台三線，集中在中壢就業、生活與定居。漸漸形成了台灣最大的客家城鎮。然而，城市化之後，市街上的客語卻變少了。一九八八年還我母語運動之後，中壢車站首度發出客語播音，據說有人刻意前往收聽，就是因爲想在大庭廣眾之下聽到客家話。一九七七年發生的中壢事件，是不是跟客家有什麼樣的關係呢？

每一談起中壢事件，我的內心總有一股莫名的情緒，即便自己只有「一陣風」的耳語經驗，但隱藏在其中的客家因素卻激起了驕傲感。然而，這個話題雖然長期以來都是禁忌，卻也並非完全不能談論，而是無法進入公共領域。解嚴之後，中壢市公所準備編纂《中壢市志》，當時的編纂委員以政治已經開放，提議納入「中壢事件」，沒想到幾經討論仍以事件敏感爲由無疾而終。至今相關資訊在公共領域仍舊少得可憐。

日前，桃園市政府終於在事件現場旁的「壢景町」（事件發生時的警察宿舍）展出「爲民主插電：看見——一九七七中壢事件」，應該算是鋪設了中壢事件進入公共領域的門路。

回顧中壢事件，意外在網路資訊上發現幾個以往沒想過、但很可能彼此關聯緊密的歷史事件，在此筆記下來。中壢事件發生的前兩年（一九七五年），政治強人「阿石伯」[1]過世。順著時間繼續往前查詢，發現台灣（當時的主流社會氛圍還以中華民國爲傲）與世界各國的斷交潮。一九七〇年與加拿大、義大利斷交，一九七一年退出聯合國。一九七二年斷交國有賽普勒斯、馬爾他、阿根廷、塞內加爾、馬爾地夫、盧安達、希臘、日本、多哥、牙買加、盧森堡、馬達加斯加、澳洲、紐西蘭、查德等十五國；一九七三年斷交國有貝南、剛果民主共和國、西班牙、布吉納法索等四國；一九七四年斷交國有加彭、波札那、馬來西亞、委內瑞拉、尼日、巴西、甘比亞等七國；一九七五年斷交國有葡萄牙、菲律賓、泰國、西薩亞等四國；一九七七年斷交國則是巴貝多、賴比瑞亞、約旦等三國，同年十一月十九日爆發中壢事件。短短幾年內，台灣與超過三十個國家的斷交潮集中在阿石伯過世前後；如果放在今日，社群網路不知道會怎麼吵，在戒嚴令仍舊存在的當時，國人無從得知國際訊息，但，人心思變，也不是政治戒嚴完全控制得住。

一九七九年中美斷交（中美建交，兩中不同）。台灣走入完全不一樣的境地。戒嚴期間，一場大規模的政治抗議事件爲何發生在客家市鎮，原因應當十分複雜，但無論如何都無法排除客家人在政治高壓的年代勇敢展現的民主尊嚴。《民主星火：一九七七衝破戒嚴的枷鎖》的出版，勢必引發更多關於民主運動的隱藏能量，也將在客家運動上灌注了政治參與的強度。

1 阿石伯：部分客家地區鄉親稱蔣介石為「阿石伯」。

缺少民主前輩的抗爭與奮鬥，台灣不會平白無故的出現民主

Cheap（知名歷史科普Youtuber）

《民主星火》是一本很有趣的漫畫，主題竟然是最容易引火上身的政治事件。隨著台灣近三十年來的民主化轉型：總統可以直選、大小事可以公投、立委能夠被罷免，很多人可能會覺得，台灣一直就是這麼自由的地方、而民主也就是這樣自然而然發生。但回顧四十多年前的中壢事件，我們才發現，沒有抗爭、奮鬥，甚至搏命，民主是不會無緣無故出現的。

中壢事件是台灣民主早期的大事件，歷史課本經常輕描淡寫地帶過，如果不是這本漫畫，很多人可能不會知道當年的大小事，比如有兩位示威民眾被警察開槍打死、舉證國民黨作票的目擊證人，事後被司法構陷而死，這些台灣史的黑暗面，都在漫畫裡有了生動地闡述。一書在手，彷彿回到那個動盪的時代，看著那些熱血的人們爲了不一定能享受到的自由，付出鮮活的生命與未來。

事件之後，雖然許信良以十萬票之差高票當選，但不到兩年，許信良就因爲聲援被逮捕的余登發，被監察院逼迫休職兩年、而後指控叛亂並進行通緝，許信良出走美國後，則又被政府拒絕入境。至於威權時代國民黨那些選舉不乾淨的手法，也並沒有因爲中壢事件的大規模抗議就停止，直

到一九九二年花蓮縣立委選舉，還出現集體作票事件。

英國歷史學家 Edward Hallett Carr 就說過：「歷史，是過去與現代無止盡地對話。」藉由回顧這些民主史上的點點滴滴，活在當下的我們，能夠確切體認到，台灣的民主自由是來得多麼不容易。而享有這樣自決權的我們，又應當用怎樣的態度去面對當下變幻莫測的國際局勢？實在是值得讀者深思的問題。

推薦序

我們一起補修台灣歷史這門課

馮賢賢（媒體工作者）

一九七七年底中壢事件發生時，我是大四學生。家裡一直都有很多份報紙，知曉新聞時事於我並不難。但我想不起來中壢事件是否曾經引起我的注意。應該是沒有。

那時的新聞對於這個爆炸性的群眾反作票運動輕描淡寫，而我是一個遁世的虛無青年，刻意跟現實切斷關係。爲了逃避令人窒息的警察國家氛圍，我連學校都很少去，躲在家裡用英文看我的西洋小說。

之後我去了美國，心想再也不要回到不自由的台灣。誰知才過完三十歲生日沒多久，台灣竟然解嚴了。在那幾年間，中壢事件的主角許信良一再試圖闖關回台，屢屢成爲國際新聞。我那時在美國之音工作，經常參與報導。

一九八九年秋天，許信良終於成功偷渡回台，馬上被抓去關。美國之音一位曾任台灣媒體要職的同事有天突然說，台北的 ICRT 需要一個新聞部主管，來「治住」新聞部裡那些同情許信良的「洋人」，問我有沒有興趣接這個工作。

他似乎讀到了我的心思。台灣解嚴後，我開始轉念想要回家，所以如果有人提供條件不錯的工作，事情就更順利了。但如果從國外找一位可以跟「洋人」溝通的新聞主管，期待它做的是去扮演新聞檢查的角色，那豈是我能接受的條件？因爲厭惡警察國家，我才選擇滯留海外，怎麼可能自投羅網回台灣去當辦公室裡的新聞警察？

其實，當時的我，對於許信良所做過的事只有皮毛的認識，對於台灣的民主運動發展脈絡，更是所知有限。一直到一九九二年我終於回到台灣後，才在方興未艾的本土化浪潮中，一點一滴重新學習台灣的歷史，至今仍有許多知識的漏洞。

《民主星火》這本漫畫幫助讀者很輕鬆地進入中壢事件的歷史現場，能快速掌握關鍵的人事物。我很喜歡故事所選擇的視角：從一個警總派去許信良競選總部臥底的年輕人在警總和競選總部兩邊穿梭的經歷，帶出雙方的攻防。這個代號「影子」的黨國青年遊走於眞實與謊言之間，逐漸對黨國價值產生疑惑，陷入良知的掙扎。

中壢事件和其後的美麗島事件是台灣民主發展的轉捩點。從《民主星火》出發，我們往前往後，都還有很多的台灣歷史課需要上。這些年來，台灣的歷史研究持續在成長中，故事的訴說也越來越多元。這是一場我們集體探尋身世的豐盛之旅，路上的每一個人，都不是遊客，而是可以貢獻研究成果、可以參與說故事的協力者。我期待「世界柔軟」的漫畫系列繼續好好說台灣民主的故事，讀者們也繼續用積極參與的方式補上這門認識台灣的課。

世界柔軟自序

從中壢事件看見衝破戒嚴枷鎖的可能

張辰漁（製作人）

以台灣本土文化與歷史題材爲主題的內容，近年來持續增加，在影視與漫畫領域皆有不俗的表現。這是由於台灣社會本土意識崛起，使創作者能更有自信地將台灣自身歷史、文化、民俗與社會議題等主題融入作品，用根植於這片土地的故事與記憶，創造出能引起共鳴的動人作品。

世界柔軟專注於開發富有台灣DNA的作品，期許以柔軟的態度處理各項議題，透過創意的表現手法與多元的影像類型，讓作品走得更遠更廣，讓對話得以在社會的每一個角落展開。

本於這樣的信念，我們開發了以台灣歷史爲題材的《漫談台灣》系列。考量多元觀點的集作概念，有別以往漫畫家常兼任作品編劇的製作方法，此作每一故事中的編劇及畫家皆與不同創作者合作，並由畫風定調敘事方向，既紀實也虛構。第三部作品《民主星火——一九七七衝破戒嚴的枷鎖》取材自台灣民主運動史的重要里程碑——中壢事件，一個因爲作票紛爭而爆發的反抗運動。

自一九五〇年起，台灣正式實施地方自治，人民可以投下選票，直接選出地方民意代表及縣、市以下行政首長。然而，手握財政與行政優勢的國民黨，往往透過買票與作票贏得選舉，使公民直選頓失意義。一直到一九七〇年代，國民黨對選舉的控制才逐漸鬆動。當時，由於外交失利與國內經濟問題的雙重打擊，國民黨的統治合法性備受質疑，不得不逐步鬆綁政治，投入選舉的黨外人士因此大幅增加。黨外參選人藉由選舉造勢大談民主與革新，並大力抨擊、防範國民黨買票、作票的行爲，爲選舉帶來全新的氣象。

一九七七年十一月十九日是台灣地方選舉的投票日，當日監票民眾與選務人員衝突不斷。下午，位於桃園中壢國小的投票所傳出主任監察員涉嫌作票的消息，警方僅帶走證人與疑似被作票的老夫妻，涉嫌作票者卻仍留在投票所內執行公務。這樣的處置引發民眾不滿，許多人認爲警察包庇作票者。民眾紛紛前往中壢分局討公道，一時之間中壢分局前聚集了成千上萬的人，警民衝突一觸即發。最終，民眾包圍、焚燒中壢分局，兩位民眾不幸身亡，此即是赫赫有名的「中壢事件」。

中壢事件標誌著台灣人民敢於直接挑戰威權，揭示黨外運動凝聚了足以影響時代的群眾力量。政府的控制與威脅已逐漸衰退，人們紛紛走上街頭提出訴求。此後的橋頭事件、美麗島事件都可見大規模的示威遊行活動，群眾運動儼然成爲後續黨外運動的重要模式。可以說，中壢事件讓群眾看見衝破戒嚴枷鎖的可能性，爲台灣的民主發展揭開嶄新的一頁。

CONTENTS

Ch1.影子

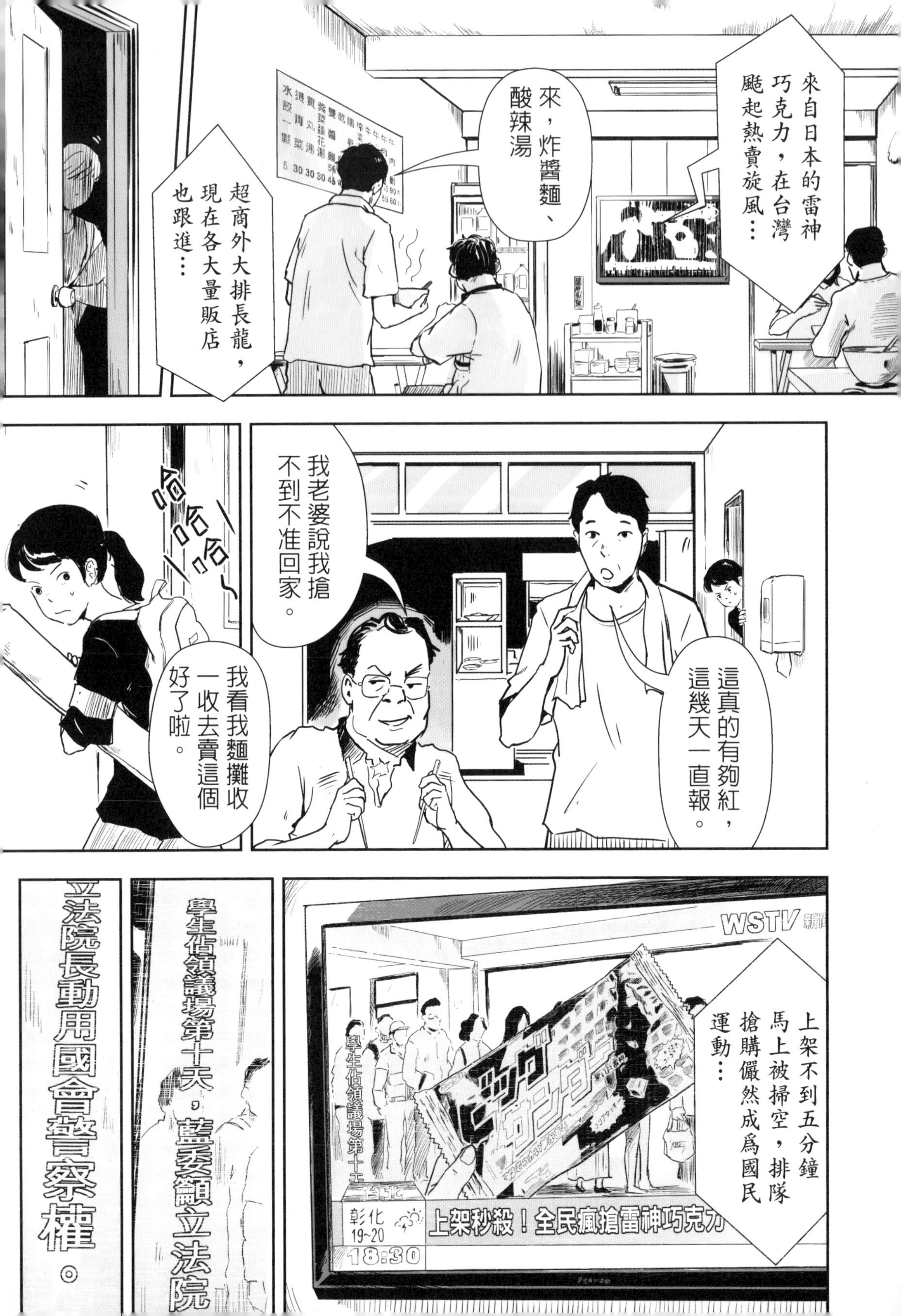
來自日本的雷神巧克力，在台灣颳起熱賣旋風…
來，炸醬麵、酸辣湯
超商外大排長龍，現在各大量販店也跟進…
這真的有夠紅，這幾天一直報。
我老婆說我搶不到不准回家。
哈哈哈～
我看我麵攤收一收去賣這個好了啦。
上架不到五分鐘馬上被掃空，排隊搶購儼然成為國民運動…
WSTV
學生佔領議場第十五
上架秒殺！全民瘋搶雷神巧克力
彰化 19~20
18:30
學生佔領議場第十天，藍委籲立法院
立法院長動用國會警察權。

鄉麵店
小萱，妳要出去啊？
笨女兒！
啊！
噓！
反服貿

去那邊幹嘛？
沒有用的——
妳馬上就要考
大學學測了耶——
爸，
你好歹攔一下她！
去排隊搶巧克
力都比較好。
——攔？
如果早個四十年，
我大概會毫不猶豫
這麼做吧⋯
三民主義～
吾黨所宗～

以建民國～以進大同～
咨爾多士～為民前鋒～
夙夜匪懈～主義是從～
矢勤矢勇～必信必忠～
一心一德～貫徹始終～
我的代號是影子，父親是公務員兼國民黨黨員。

他最常掛在嘴邊的話就是…
沒有黨哪裡會有國，沒有國哪裡會有家？
匪諜就在你身
說國語人人有責
公共場所，不談國家機密。
殺朱拔毛反共
隱瞞匪諜，與匪同罪。
好學生不說方言
隨處可見的標語也時時提醒著，怎麼做才可以讓國家更好。
警
只可惜還有許多「匪諜」潛藏在我們周遭，隨時找機會要顛覆政府與黨。
我不說方言

我的志願
成為救國救民的大學生、黨的青年菁英。
所以，即便當時大學錄取率只有百分之十，我也沒改變過志向…
學聯考榜單
學聯考榜單

榜單上沒有我的名字時，還以為沒機會為國家盡份心力了…
二十一歲，祖籍山西？嗯嗯…
哎呀，父親是黨員啊？
是！
高中畢業，服役期間表現良好…
個性內向、敏感、細心、老實…嗯…
我的志願
嗯嗯…

你的老師對你讚譽有佳，你擁有的特質的確是我們需要的，有些是你最好的掩護，
所以我們決定給你機會，讓你證明自己的愛國心！
是！我一定全力以赴！

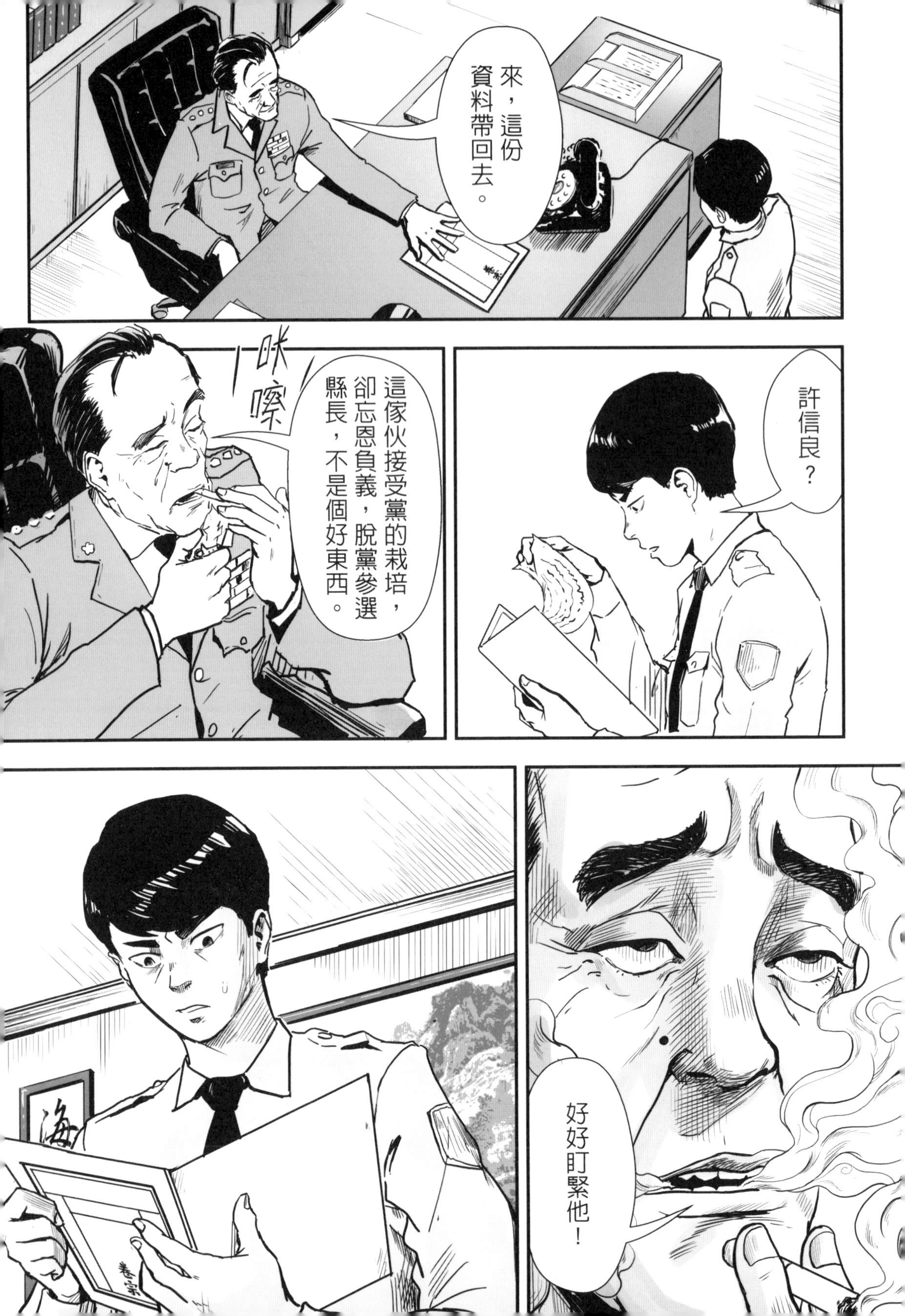
來，這份資料帶回去。
許信良？
咔嚓！
這傢伙接受黨的栽培，卻忘恩負義，脫黨參選縣長，不是個好東西。
好好盯緊他！

一九四一年　出生於日治臺灣新竹州
中壢郡的客家地主家庭。
一九五九年　就讀政治大學政治系時，
加入國民黨受到重點栽培。
一九六七年　獲得中山獎學金，拿國家資源
遠赴英國愛丁堡大學深造。
一九七三年　獲國民黨提名參選臺灣省議員，
並順利當選。
但他的政治信念開始有反動思想，
經常拒絕執行國民黨的政策，
並公開批評政府的多項政策。
中國時報
咔嚓—
怎麼會有這種人？

一九七五年九月十日，
《中國時報》：許信良反對商業保險包裝成
社會福利形式、學生團體保險給付額太低，
被提起黨紀處分。
一九七六年五月二十日，
各大報：許信良出版《風雨之聲》
回顧擔任省議員的事蹟把省議員分成
世家、財閥、公務人員職業政客四類，
引起軒然大波。
一九七六年五月二十三日，
許信良投書《中國時報》談
《風雨之聲》帶來的風風雨雨，
另外七外議員也受訪，
指稱許信良出書是爲選舉鋪路。
明明就受了那麼多恩惠，卻處處與黨作對！
喂，影子。
趕快準備一下。
接下來有得忙囉！

桃園車站
許信良的競選總部就在附近。
影子，表情太嚴肅了……
啊…是。
待會記得低調行事，我們分頭行動，別漏餡了。
縣長候選人
許信良
②
吵雜
吵雜
這…這是？

吵雜－
吵雜－
打破惡勢力是推行新政的關鍵
甘蔗汁
香

桃園縣
民主政治的模範縣
請珍惜選票
堅守民主陣容
吵雜
許信良
許信良
縣長候選人
許信良競選總
2
選舉不是恐怖的事，讓我們輕鬆、愉快、公平、合法的參加選舉
許信良…你想把選舉搞成一場鬧劇嗎？

Ch2.潛入

不好意思，嚇到你啦？
我看你站在這邊，是第一次來嗎？需要我幫你介紹嗎？
可以來我們的帳篷裡走走唷。
可…可以嗎？聽…聽說你…你們在徵監票部隊？

你想加入？太好了！我帶你去找小賀！
居然這麼容易就混進去了！
蔣經國言論集
小賀！
小——賀！
幹嘛啊？阿裕，你是想嚇死人啊！

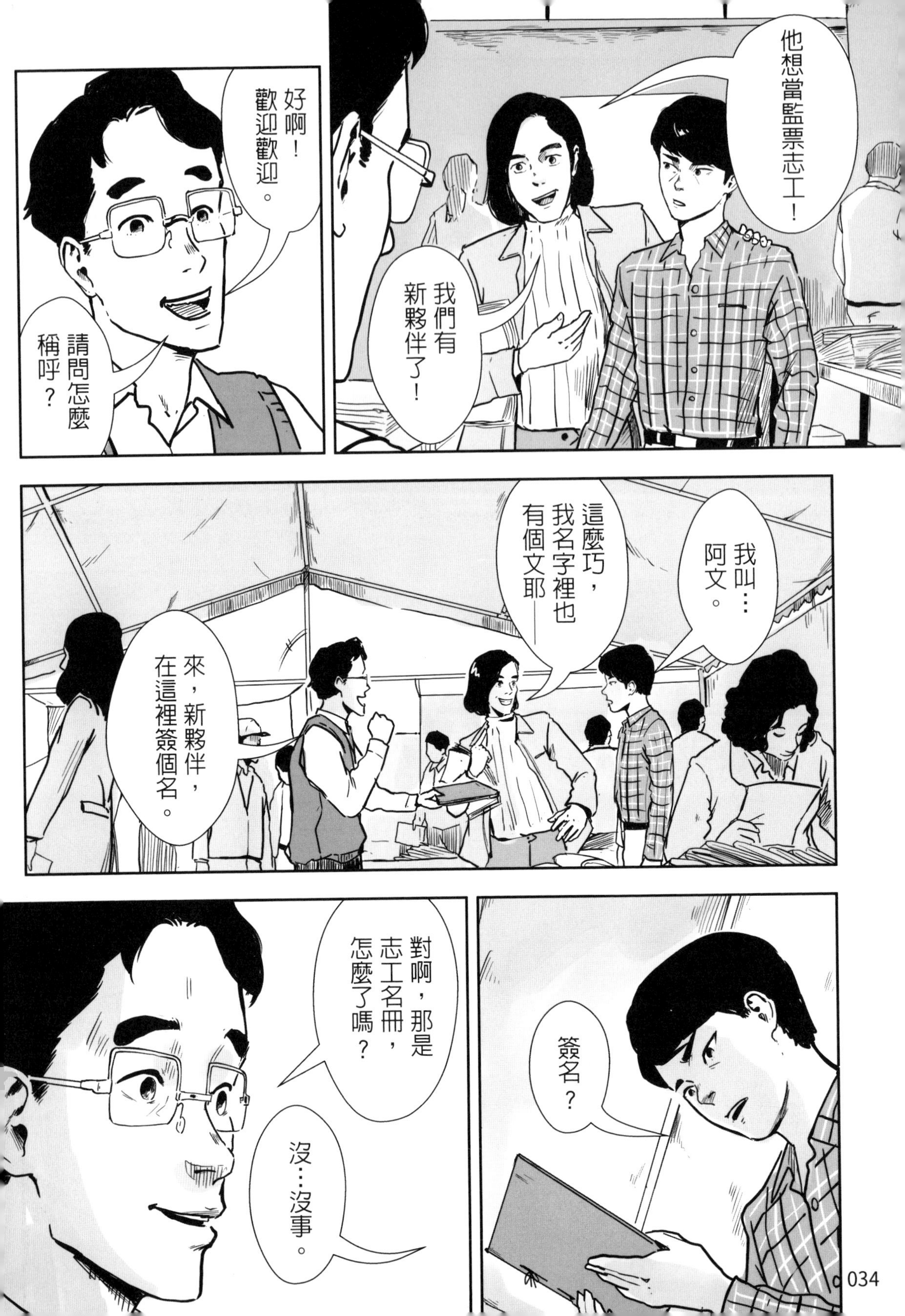
他想當監票志工！
我們有新夥伴了！
好啊！歡迎歡迎。
請問怎麼稱呼？
我叫…阿文。
這麼巧，我名字裡也有個文耶—
來，新夥伴，在這裡簽個名。
簽名？
對啊，那是志工名冊，怎麼了嗎？
沒…沒事。

阿文你是做什麼的？住哪裡？
平常有什麼興趣？
有兄弟姊妹嗎？
我在中央大學念書，是苑裡人——
阿裕你話真多耶……
看到新夥伴關心一下嘛！
先帶人家去認識環境啦！
簽完了？那我們出發吧！
嗯。

富台國小這兩天要辦運動會，應該滿熱鬧的。
富台國民小學
這邊我想多貼幾張。
許信良
新精神
民主・效率・擔當
新人物
學養・理想
新桃
繁榮・潔净・安康
覺得我們的選舉海報如何啊？
今天我們可是要把手上這疊貼完喔。
欸！
？

我們支持歐憲瑜！①
我們支持歐憲瑜！①
我們支持歐憲瑜！①
①
桃園縣縣長候選人
歐憲瑜拜託一票
敬請惠賜神聖一票
居然貼那麼多，連柱子都不放過！
你看，歐憲瑜海報貼成這樣。
唉！慢了一步，我們走吧⋯⋯

老闆、農會、校長支持歐憲瑜，阮工人、農民、老師支持許信良啦……
哼，無路用啦！
阿文，走了啦！
……
我們對手的資源太雄厚了。
看吧，果然很艱難。

食品行
桃園縣有四十萬選民，軍眷鐵票將近十萬票。
許信良先生簡直毫無勝算呢。
那為什麼還要支持他？
他被開除黨籍，更傳言說他是共產黨派來的耶？
因為這個國家需要改變啊——

二十餘年來在戒嚴的軍警控制之下，群眾的政治取向十分保守，
選舉不是恐怖的事
請問教育？
改變？
所以許信良陣營採取「中間路線」，盡量以歡樂、活潑的嘉年華調性來沖淡政治的肅殺氣氛。
但是投給他有用嗎？
大家都說選舉很黑暗，買票啦、作票啦，開票中途就停電——
這不是民主國家該發生的事，要贏，不就該贏得讓人心服口服？

彼時流傳，台灣選舉有十種鬼：
垃圾鬼
大量製造廢票。
魔鬼
專門變魔術把黨外和執政黨候選人的票錯置。
鋼琴鬼
兩手沾上印泥在選票上彈鋼琴、製造廢票。
枵鬼
不但貪吃還挑吃，專門吃黨外的票。
水鬼
專門灌水，國民黨候選人選票移送到縣府，就多幾千票。
好額鬼
買票被抓就說錢是他出的，和候選人無關。
青暝鬼
執法人員只要候選人是國民黨籍，即使違法也看不見。
酒鬼
姓「黨」的媒體，「喝白酒講紅酒話」，白的事情經過他們報導就變成黑的。
不死鬼
不會算術，尤其加法算得一蹋糊塗。
無膽鬼
對黨外候選人大小聲，遇到國民黨就恬恬。

總之，我們得保護自己的選票，但又很缺人手，
高級西服
我看你有點怕生，不過為了自由民主願意鼓起勇氣來幫忙，真是太好了！
呃，這個嘛……
啊，到了。
欸？
快上來啊。
你不是想加入監票部隊嗎？

阿裕，你帶新人來啊？
把注意事項貼在這裡，可以減少訓練時間。
選舉倒數
7天
喂…？這支好像有點故障喔。
帽子跟背心數量夠了，筆記本那些也不是問題…
這就是監票部隊？
相機要調到那麼多可能有困難。

民國66年
12
怎麼會有外國人？
她是…記者嗎？
喔，別緊張～

民國66
12
十月初二
那是艾琳達。
Hello Linda, long time no see.
Hi!
她是我們的護身符喔！
太可疑了……

Ch3.監票

一九六〇年代，美國成為全世界公認最強大的國家，並在經濟上援助中華民國政府。
由於美援資助，台灣小孩子能喝到免費的牛奶
高級
麵粉
有些家庭會把裝麵粉的布袋做成「中美牌」大內褲。
梳飛機頭的貓王、在下水道出風口揚起裙襬的瑪麗蓮夢露，是當時美國輸出世界的流行文化。
這種在第一世界生活得好好的阿啄仔，幹嘛來管台灣的事情？

對了，長官曾經說過…
許信良拿著國民黨給的獎學金，到英國吃喝玩樂不說，回來後竟不斷詆毀一手栽培他的黨和國家。
根本就是叛黨、叛國！
台灣情治單位對於外國的人權倡議團體充滿戒心。
但仰賴美援的蔣氏政權，打著「民主中國」的旗幟進行外交，不敢直接對艾琳達這樣的美國人動手。
然而卻對他們的一舉一動高度的監控。

你要讓這些偽學生知道，
他們在玩什麼把戲，
我們都一清二楚！

欸，該不會是要過來吧？
你杵在這幹嘛？來認識一下——
我…我英文不太好啊！
我會說中文，台語嘛會通～
欸欸欸～～～

她在台大農推系旁聽，替台大人口研究中心做研究——
你好！
妳…妳好，我叫阿文。
民主
學養
繁榮
你來桃園拍照，有拍到什麼有趣的嗎？
我去了歐憲瑜的政見發表會，現場人不多，都是些被動員的老兵。
掌聲還是預先錄好，透過錄音機廣播的。
就算是這樣，國民黨可是不會公平選舉的！你要多幫幫我們啊～
……

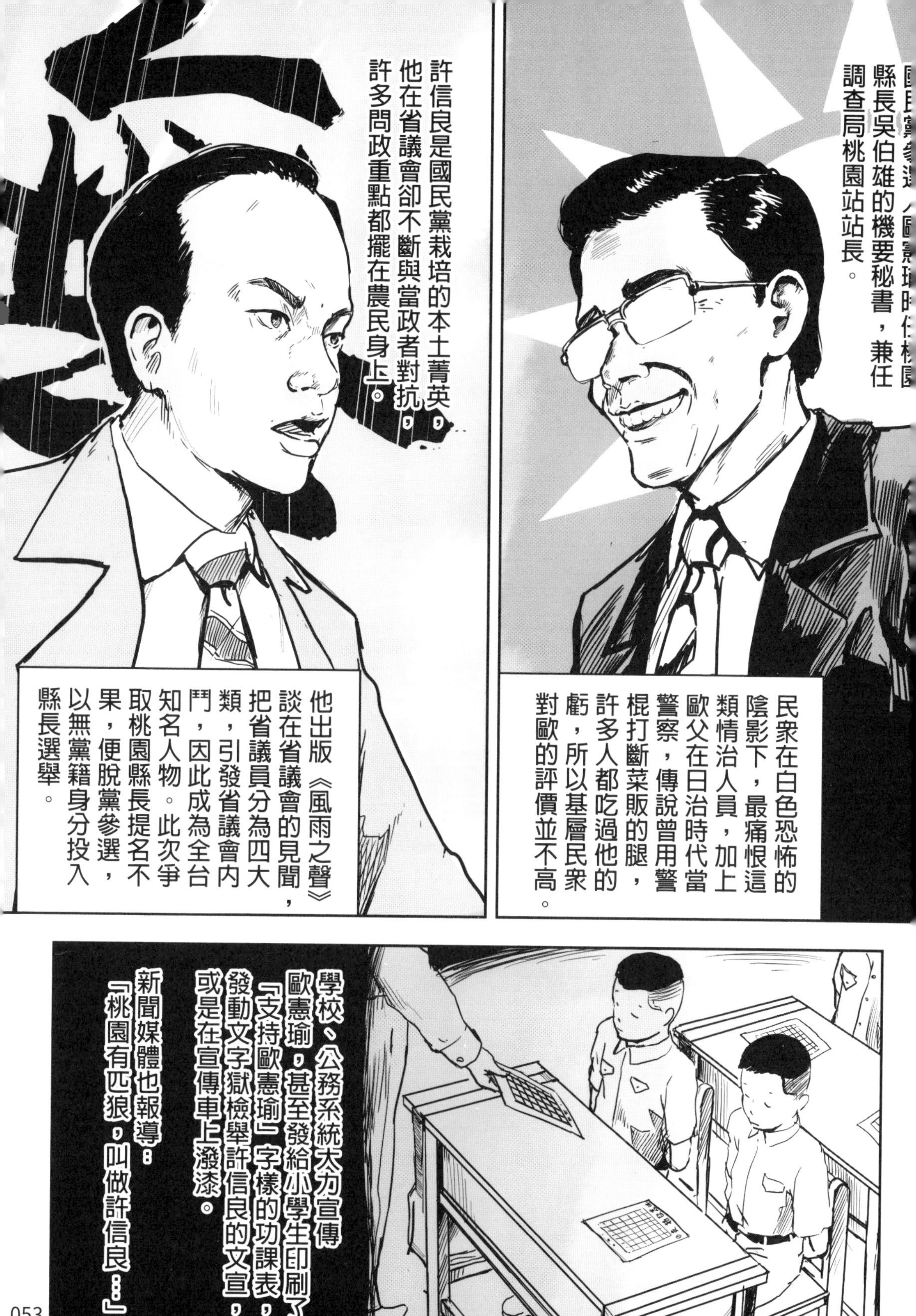
國民黨參選人歐憲瑜時任桃園縣長吳伯雄的機要秘書，兼任調查局桃園站站長。
許信良是國民黨栽培的本土菁英，他在省議會卻不斷與當政者對抗，許多問政重點都擺在農民身上。
民眾在白色恐怖的陰影下，最痛恨這類情治人員，加上歐父在日治時代當警察，傳說曾用警棍打斷菜販的腿，許多人都吃過他的虧，所以基層民眾對歐的評價並不高。
他出版《風雨之聲》談在省議會的見聞，把省議員分為四大類，引發省議會內鬥，因此成為全台知名人物。此次爭取桃園縣長提名不果，便脫黨參選，以無黨籍身分投入縣長選舉。
學校、公務系統大力宣傳歐憲瑜，甚至發給小學生印刷了「支持歐憲瑜」字樣的功課表，發動文字獄檢舉許信良的文宣，或是在宣傳車上潑漆。
新聞媒體也報導：「桃園有匹狼，叫做許信良……」

啊！該準備出發了，我收一下東西。
待會許信良的政見發表會，你們也會去吧！
當然啊，總得讓阿文見識一下啊。
先過去囉。
待會見，我等艾琳達一起走。
……
欸！阿裕……
她會不會是間諜啊？

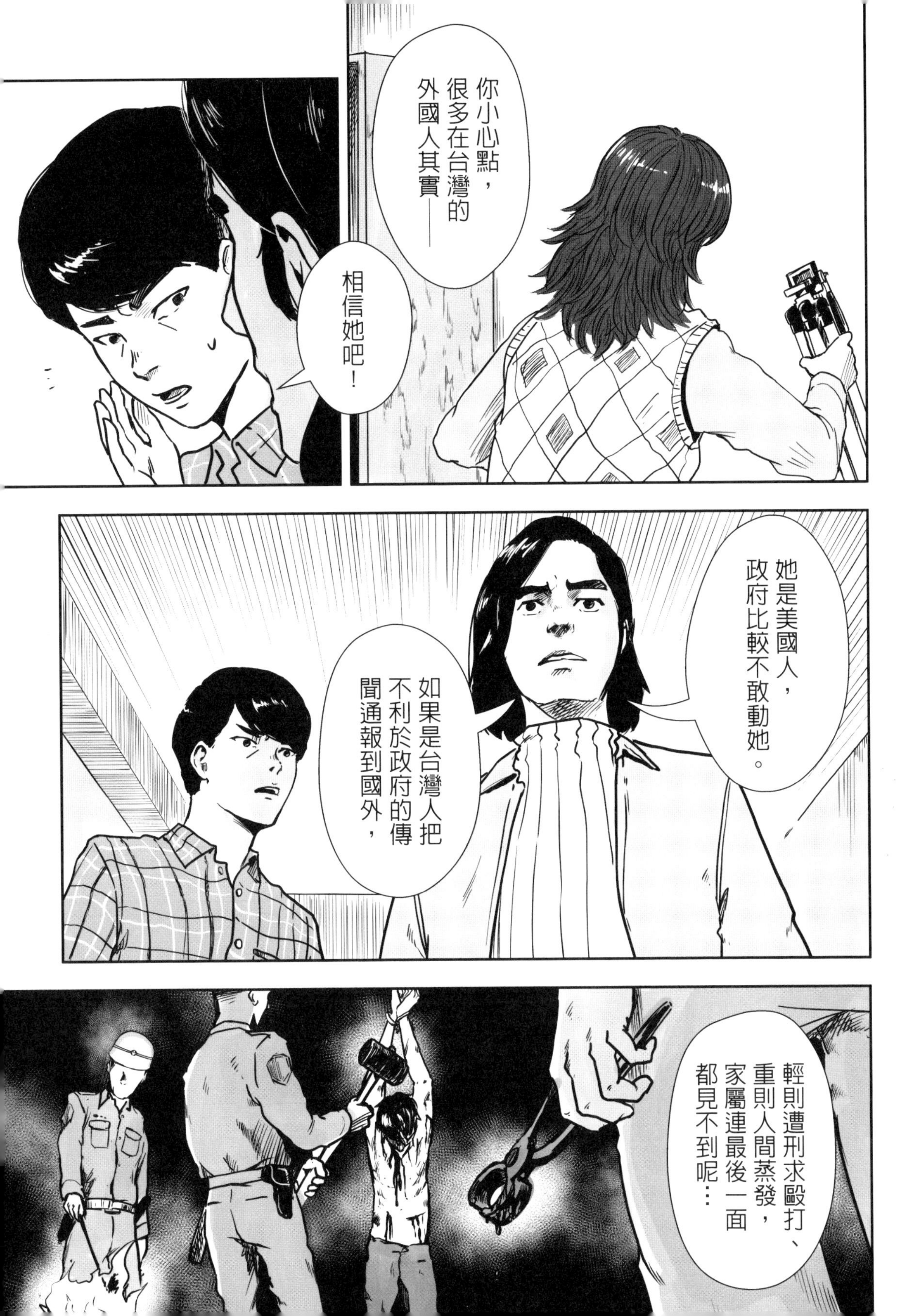
你小心點，很多在台灣的外國人其實——
相信她吧！
她是美國人，政府比較不敢動她。
如果是台灣人把不利於政府的傳聞通報到國外，
輕則遭刑求毆打、重則人間蒸發，家屬連最後一面都見不到呢⋯

腳架還用不到吧，我幫妳拿。
謝謝！
阿裕被洗腦得太嚴重了，居然對政府有這種偏見。
讀那麼多書還這樣⋯⋯
咦？怎麼那麼多人？

這些人都要去許信良的場子嗎？
看起來各行各業都有…
阿文快點！我們要擠不進去了啦！
太誇張了吧，什麼擠不進去…人也沒多成這樣吧？
喔，好！
往這邊走，跟丟了可是找不到你喔。
咦？

興盛百貨行
雜貨 食品 菸酒
興盛百貨行
順天

不會吧？
許信良不是叛黨、叛國的混蛋共匪嗎？
為什麼這麼多人支持他？
不！民眾一定是被矇騙了。
跟歐憲瑜那場完全不同，這些群眾沒有被動員的感覺，他們是自發性地來參與。
許信良…我們很快就能證明，你不是個好東西！

Ch4.前夕

誓死反對選舉舞弊
作票是匪諜的伎倆
信良在這邊感謝各位鄉親的支持，我們的拉票戰已經贏了！
發現作票立刻喊打！
打死共產黨！
但接下來的監票戰更是關鍵。

過去幾個月，
他們以不公平
的手段對付我，
那些都算了！
2
桃園縣長
候選人
但是，
如果選舉作票，
就絕不能饒過
他們！
對啊！
好啊！

大家不上班、不做生意，辛辛苦苦來投票。
最後卻把票作掉，還選什麼舉？
如果不想讓我們選舉，那就像省主席一樣用派任的就算了！
對啊！
不公平乾脆不要選！
就是說啊，奧步那麼多！
雖然我們準備了一千多人的監票隊，但還是要拜託各位鄉親父老、兄弟姊妹，
投完票後留在投票地點…

只要站一天，讓時間一分一秒過去，
喔喔喔喔！
喔！
好啊！
桃園的民主就會實現！
啪！

再這樣下去，這傢伙就要竊位了！
報告長官
我們在機場攔下美國記者安德毅，沒收了他要偷渡出境詆毀我國元首施政的文件。
他擔心自己被驅逐出境，已經不敢再跟偽學生艾琳達聯繫了。

很好，教教這些洋鬼子，什麼叫入境隨俗，誰敢搗亂，就叫他們滾回老家賣鴨蛋。
你是負責監控青年部隊吧？
是！
把匪諜繩之以法，我們就推薦你申請大學。
我的志願
成為救國救民的大學生。
睜大眼、瞧仔細了……
…是，長官。

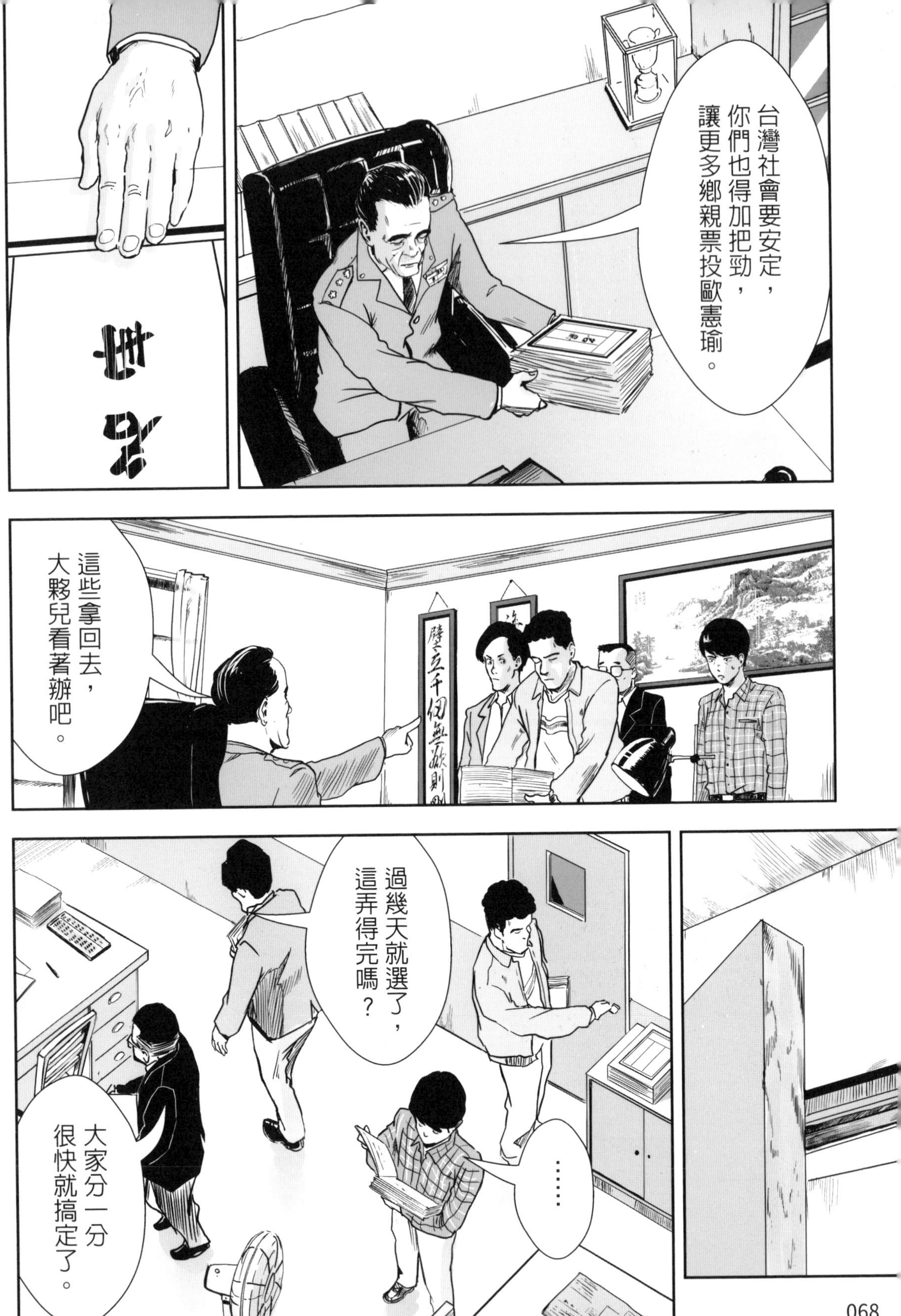
台灣社會要安定，
你們也得加把勁，
讓更多鄉親票投歐憲瑜。
這些拿回去，
大夥兒看著辦吧。
過幾天就選了，
這弄得完嗎？
……
大家分一分
很快就搞定了。

這些名冊是要…？
哦，就是其他縣市的人頭名冊啊。
…但為什麼？
欸？
你是真傻還是裝傻啊？
要把這些名字抄起來刻印章，到時候安排好的人才可以幫忙投票啊。
畢竟光買票不保險嘛。

就算是這樣，國民黨可是不會公平選舉的！
國民黨選舉靠兩票，買票和作票啦！
難道被他們說中了嗎？
上面這樣的命令是對的嗎？
這樣就算贏了，又有什麼意義？
阿文！

嗯？
你氣色看起來很差耶，是不是太累了啊？
呃…啊…還好啦…
要不是對手一直惡意破壞海報，我們也不會忙成這樣…
縣長候選人
連借來的宣傳車都被潑得亂七八糟，
越接近選舉，對手的奧步就越多，我們也要小心點…

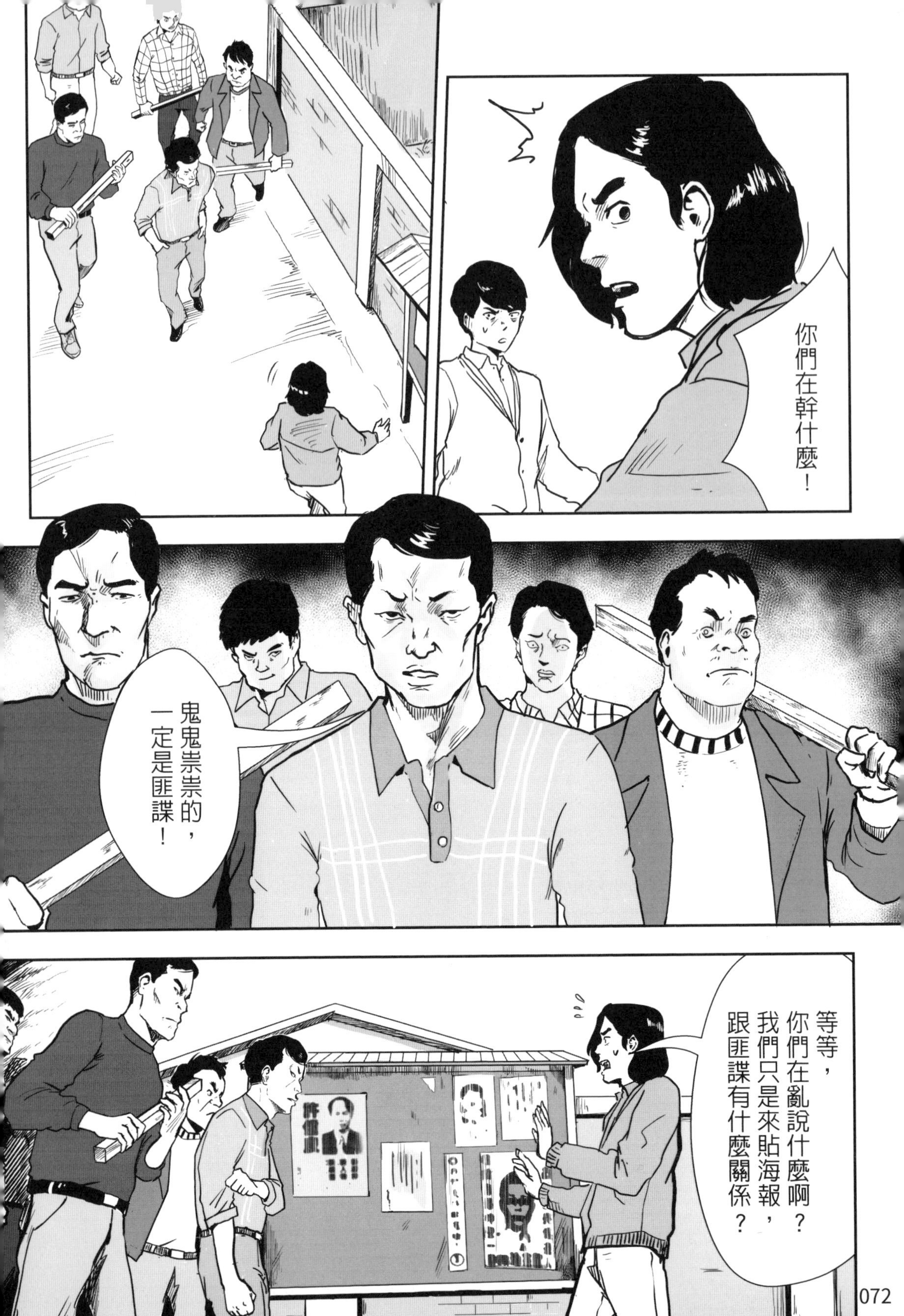
你們在幹什麼！
鬼鬼祟祟的，一定是匪諜！
等等，你們在亂說什麼啊？我們只是來貼海報，跟匪諜有什麼關係？

許信良
新精神
民主・效率・服務
新人物
新桃園
只是貼海報？少來了！
嘶—
你不知道許信良是共產黨的嗎！
講話就講話，不要動手動腳的！
把他們的東西通通砸了！
打死共產黨！

阿文，接著！
車是借來的，被砸壞就糟了。
快把車開走！
站住，別想逃！

流血了⋯⋯
匪諜打人啊！
唉喲！
好可怕喔⋯⋯
匪諜打人！
匪諜打人啦！
阿裕！
不要管我，
快逃！

快走！
那個開車的也是匪諜，不要讓他跑了！
嘰～嘰～
可惡！別跑！
良信許②

父母好不容易栽培到大學，白髮人送黑髮人情何以堪啊…
老師跟同學們肯定哭成一團…
滿腔抱負為民主打拚，卻遇到這樣的事情，
最遺憾的就是沒有親眼見到台灣實現真正的民主…
選舉倒數
0天

②
桃園縣長
候選人

Ch5.包圍

如果你們失去我這麼重要的夥伴，大概接下來要做什麼都不知道了吧…
咳咳…阿裕，那麼有精神是不錯啦……
但我們想聽的是事發經過，不是你的幻想。
哈哈哈，事發經過要問阿文啦！
我那時候只覺得快被打死了，
多虧阿文帶著幫手及時出現，救了我一命。

人選候
沒有啦，那天我開沒多久就遇到我們的造勢隊伍。
大家一聽到阿裕有危險，就馬上跳上車回現場幫忙。
三兩下就把那群人趕跑了，真是幸好有遇到我們的人⋯
我說了「我們」？我和這些反對政府的傢伙成了一夥了嗎？

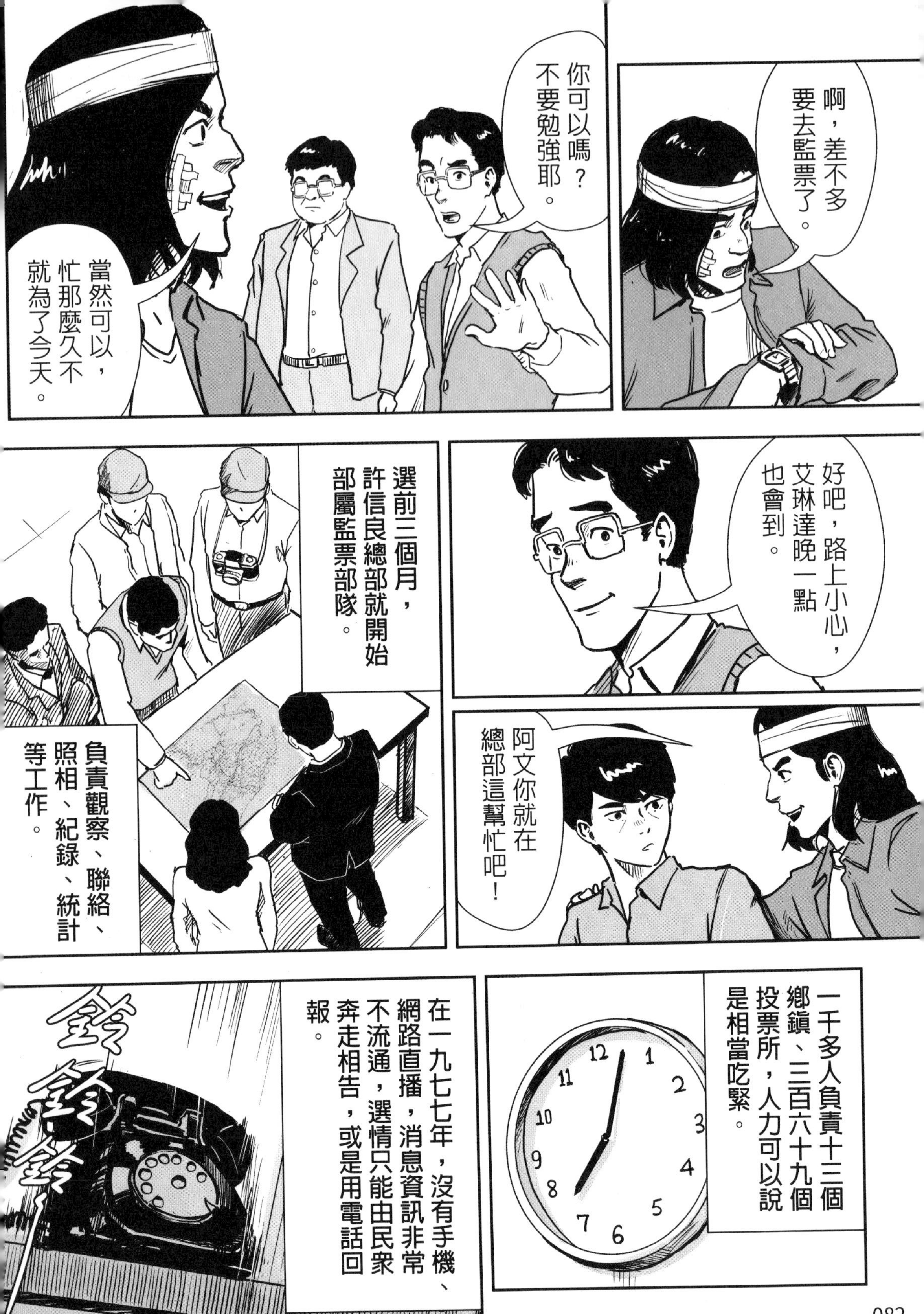
啊，差不多要去監票了。
你可以嗎？不要勉強耶。
當然可以，忙那麼久不就為了今天。
好吧，路上小心，艾琳達晚一點也會到。
阿文你就在總部這幫忙吧！
選前三個月，許信良總部就開始部屬監票部隊。
負責觀察、聯絡、照相、紀錄、統計等工作。
一千多人負責十三個鄉鎮、三百六十九個投票所，人力可以說是相當吃緊。
在一九七七年，沒有手機、網路直播，消息資訊非常不流通，選情只能由民眾奔走相告，或是用電話回報。
鈴鈴鈴~

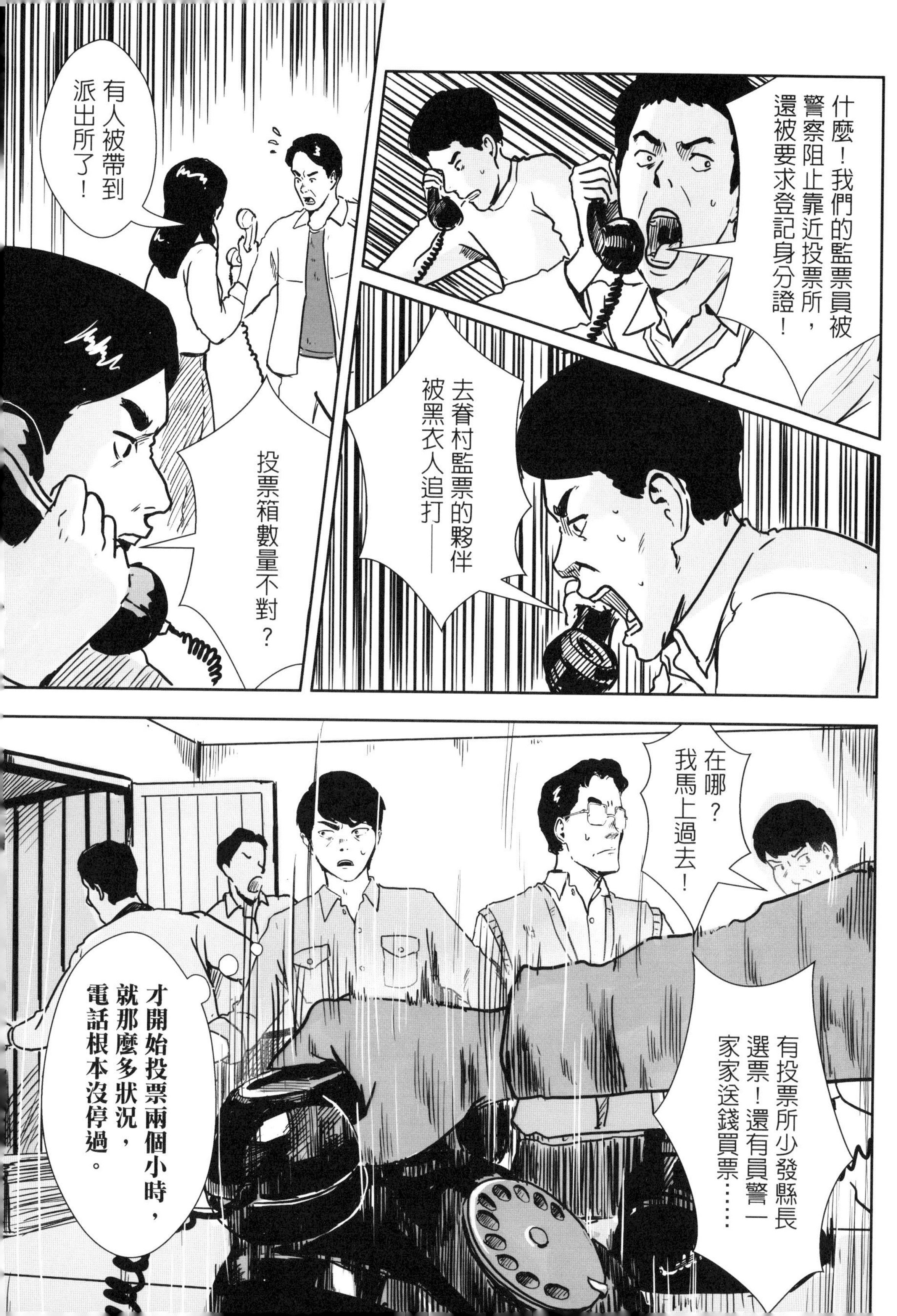
什麼！我們的監票員被警察阻止靠近投票所，還被要求登記身分證！
去眷村監票的夥伴被黑衣人追打——
有人被帶到派出所了！
投票箱數量不對？
在哪？我馬上過去！
有投票所少發縣長選票！還有員警一家家送錢買票……
才開始投票兩個小時，就那麼多狀況，電話根本沒停過。

可惡！
…冷靜點
根本贏不了，他們太多骯髒的手段了。
根本就是躲在暗處的老鼠！
打從一開始就沒有想要光明正大的選舉…
我出去透透氣…

不對！
這一切都是
為了國家！
我們才不是躲在
暗處的老鼠！
哪一邊才是
對國家好的？
我們？哪一邊
才是我們？
為了選贏就能
不擇手段嗎？

沒有人能贏過
國民黨，你懂吧？
你們⋯⋯
你們要怎麼——
跟我們來，
你就知道了。
咔嚓

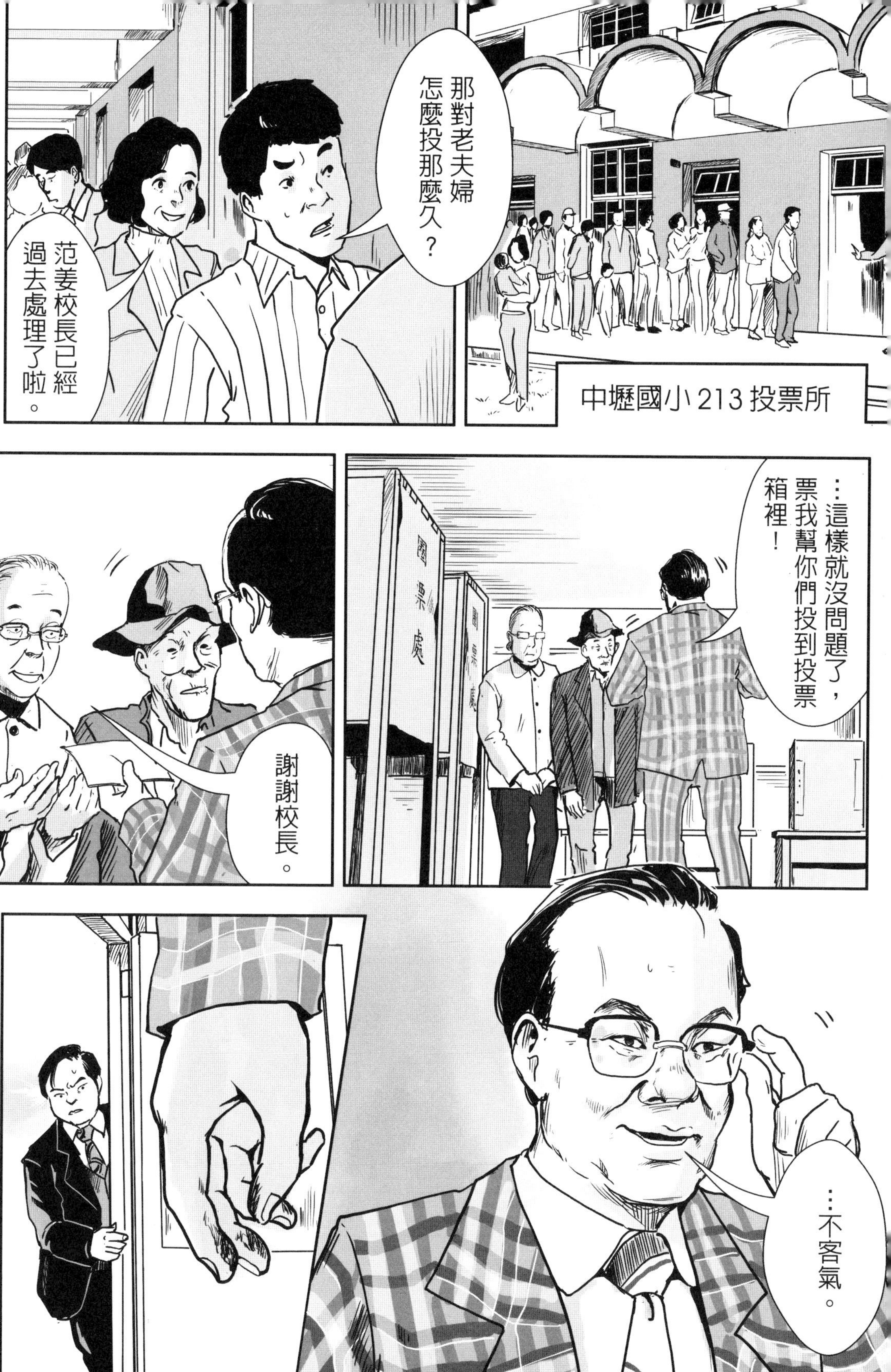
中壢國小213投票所
那對老夫婦怎麼投那麼久？
范姜校長已經過去處理了啦。
…這樣就沒問題了，票我幫你們投到投票箱裡！
謝謝校長。
…不客氣。

等一下——
阿叔、阿姨，剛才我看到校長弄髒你們的選票！
咦！我等那麼久才投到票呢！
這怎麼可以？我要再投票——
不行，你們已經投過了！

你們憑什麼抹黑公正的選務人員？
我們親眼看到的，要不然叫校長來解釋，他剛剛在做什麼？
作票啦！
紅手印彈鋼琴啦！
叫校長出來對質！
選舉不公啦！
誰作票、誰該打！
怎、怎麼辦？
這幾個帶回去作筆錄！

范姜校長呢？為什麼他不用去警局！
青瞑鬼出現了！國民黨作票就看袂著啦！
中壢國小投票所出事了！
…當監察員還作票啦！
作票完還留在現場，卻把證人都帶回分局——
警察都當作沒看到啊！
大家都說要去中壢分局討公道！

走，我們到前面去聲援。
怎…怎麼辦？
快來幫忙！

作票的風聲一傳十、十傳百，憤怒的群眾包圍中壢分局。
選舉不公正！
吵雜
吵雜
下午五點，中壢分局外的馬路上已聚集了四、五百人，而且還在不斷增加…
吵雜
選舉不公正！

Ch6.傳達

我們要公正的選舉啦！
作票！不要臉！
退後！不要再推擠了！

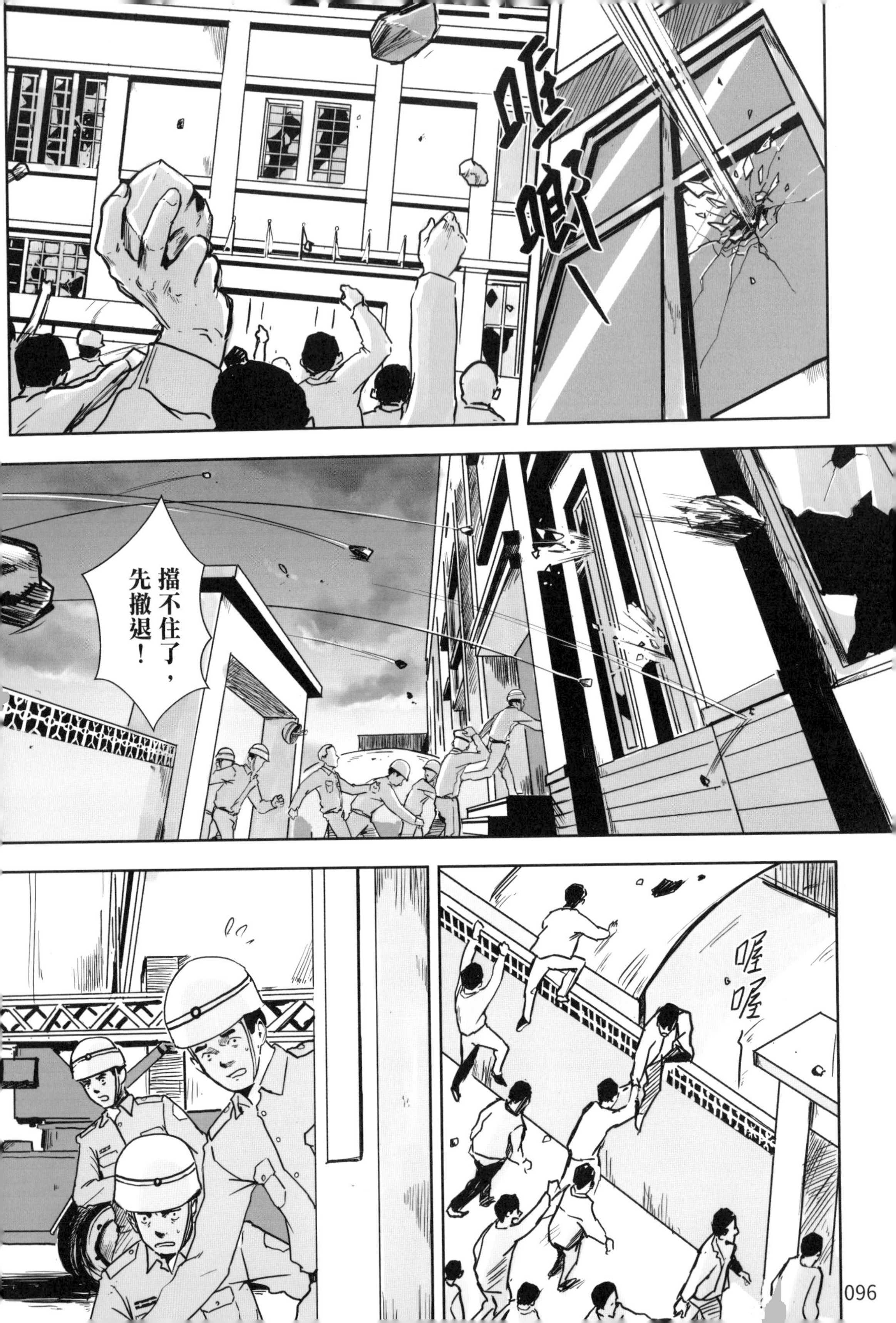
哐啷
擋不住了，先撤退！
喔喔

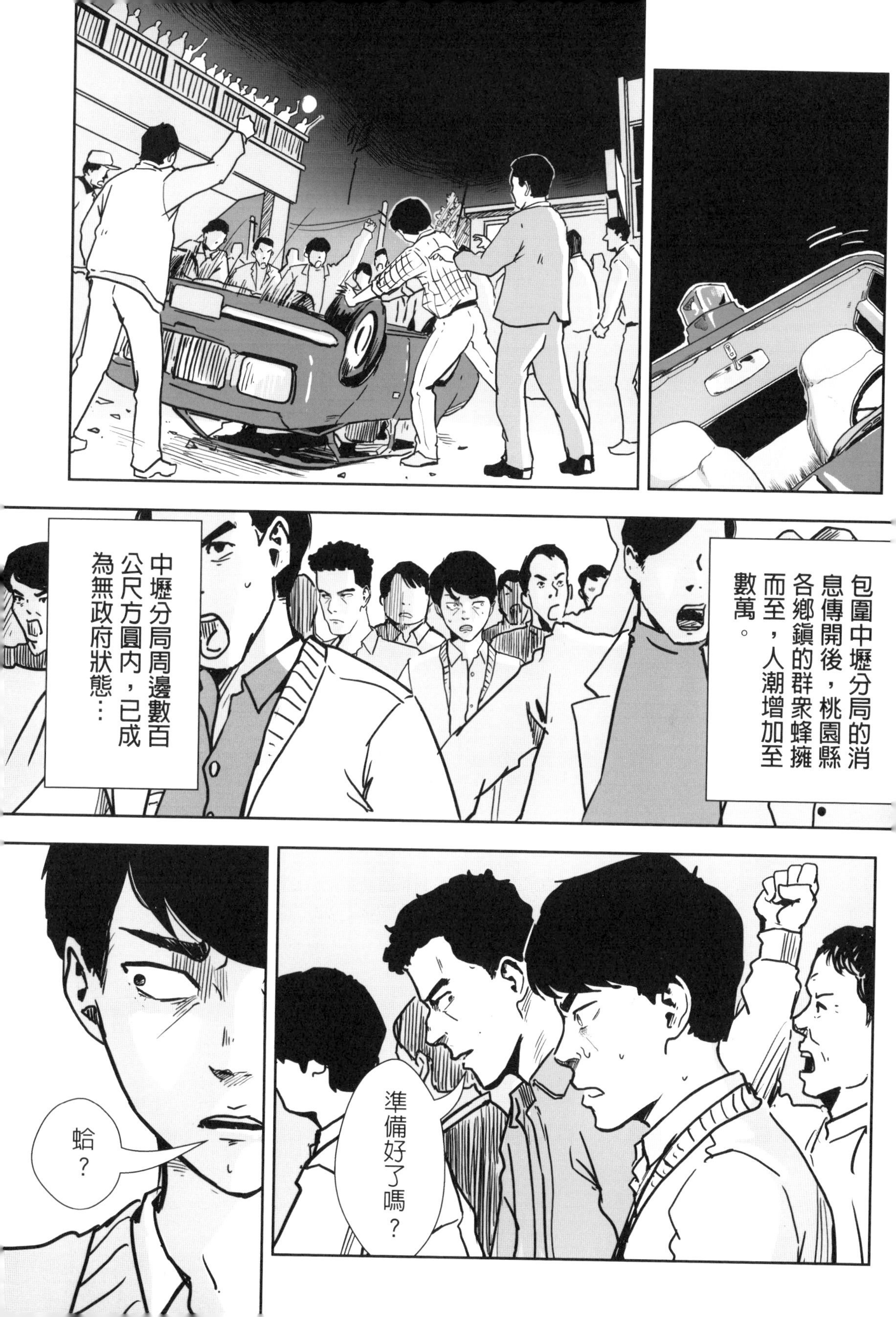
包圍中壢分局的消息傳開後，桃園縣各鄉鎮的群眾蜂擁而至，人潮增加至數萬。
中壢分局周邊數百公尺方圓內，已成為無政府狀態…
準備好了嗎？
蛤？

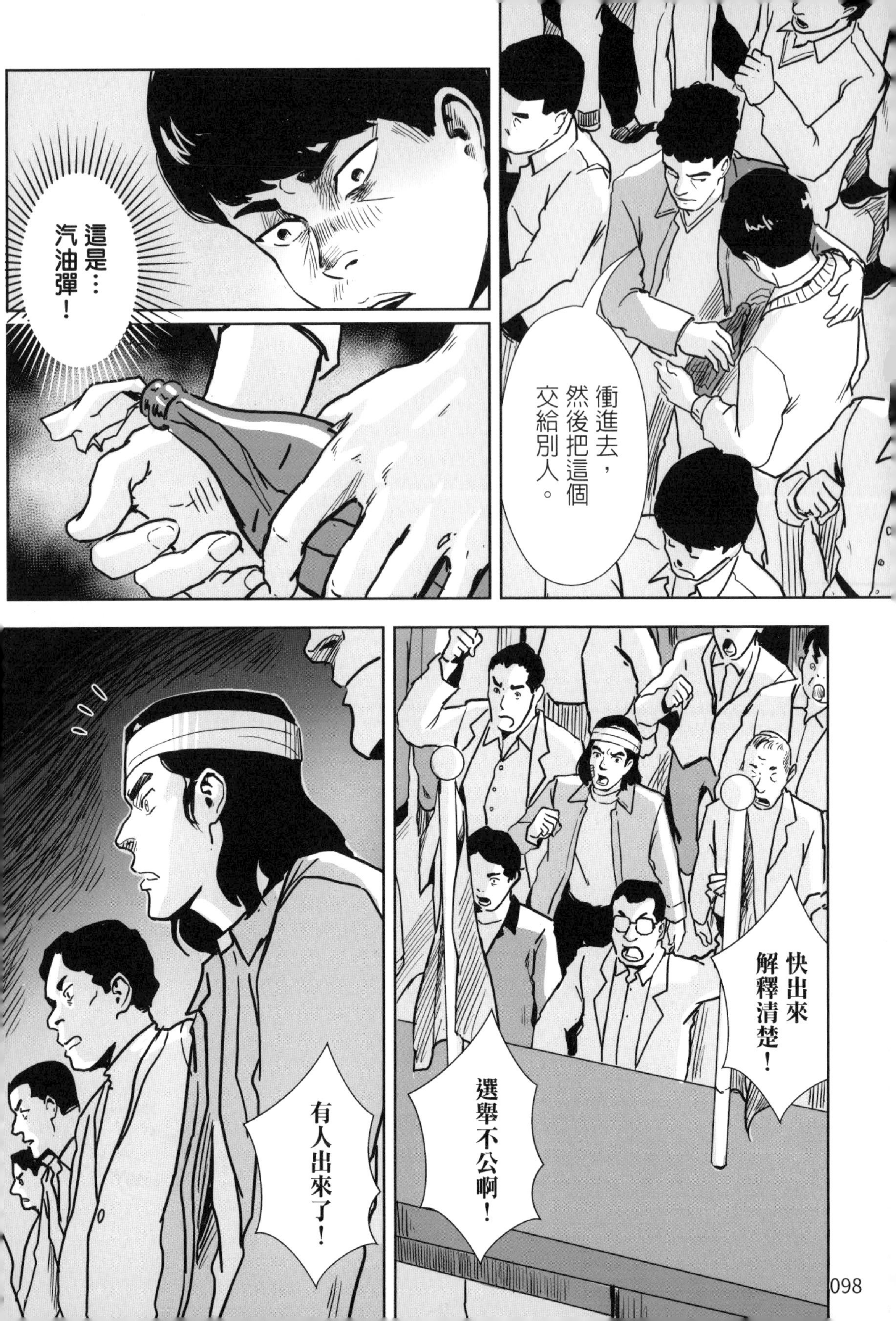
衝進去，然後把這個交給別人。
這是…汽油彈！
快出來解釋清楚！
選舉不公啊！
有人出來了！

鬧夠了吧，
這些暴民……
啪嘶——
小心！
有催淚彈！
啪嘶

咻——
咳——
啊——
我的眼睛！
有人流血了！
咳咳、咳——
咳——
水，
給我水！

住手！有人受傷！
可惡，你們想殺老百姓嗎？
躲好，子彈不長眼，不要被自己人誤傷了。
咳咳
嗚
誰來幫忙！有人受傷了！
阿裕？

所有人馬上離開，否則後果自負！
咔嚓！
我們只是要一個交代！
想用暴力讓我們屈服嗎？
絕不妥協
絕不妥協

先把傷者帶到安全的地方！
不要屈服暴力繼續抗爭！
絕不妥協！
如果許信良真的是反動份子、危害國家的壞蛋——
為什麼大家還願意為了那兩張選票這樣奮不顧身？

別站起來！
你沒看到那是什麼嗎？

阿裕！危——

快走！該撤了！
哐、

警察開槍殺人啦！
你們把人命當什麼！
失控了…快撤退！
衝進去！
討回公道！

艾琳達？
正在聯繫國外嗎？
拜託你說出來！
全部都說出來！

告訴全世界，這裡發生什麼事！
艾琳達當時聯絡了國際特赦組織在大阪的梅心怡、美國的司馬晉，以及一位在美國的記者。
被掀翻的警車、遭人縱火的警局，大火熊熊燃燒兩個多小時，
這是二二八事件以後，台灣最大的人民暴動——

Ch7.轉變

隔日新聞媒體卻只以選務糾紛簡單帶過。
反而是國際媒體——包括美國《時代雜誌》、香港《華南早報》、美國《新聞周刊NEWSWEEK》皆大幅的報導該事件。
Repression in Taiwan
許信良以二十三萬多票贏過歐憲瑜的十四萬多票。
黨外人士共當選四席縣市長、二十一席省議員、一百四十六席縣市議員、二十一席鄉鎮市長——
——這次選舉可說是國民黨的空前挫敗。
行動報告
一群飯桶！不只讓這傢伙當選，消息還走漏到美國——

我、我們盡力了…
盡力？連那番婆的一捲底片都攔截不到！
我為了黨，做了這麼多…不乾淨的事，為什麼還是輸了？
現在要我花多少力氣，替你們這些廢物擦屁股？
難道，時代真的變了？
中壢事件的司法公正審理，檢察官以證據不足，對范姜新林校長做出不起訴處分…
原爲證人的邱奕彬，因任意汙衊依法執行任務的選舉監察人，改列被告…

媒體將警總與警專學生指認的滋事民眾，都塑造成「留長髮嚼檳榔」的年輕人。
影子的朋友鍾文裕被家屬火速火化——
他的死成了永遠的謎團。
總之，別讓任何人再提起中壢事件！

一九七八年三月十八日深夜，警總派了上百人，從裝訂廠搶走一萬本正要裝訂的《選舉萬歲》。
此書由許信良競選總部的青年軍林正杰、張富忠執筆，詳述桃園縣長選戰和中壢事件的經過。
選舉萬歲
林正杰
張富忠 著
萬歲
好家鄉麵店
影子徹底放棄被警總推薦進入大學，退伍之後，撐起家業，轉而經營麵店，忠黨愛國之事，從此不提。
……立法院外聚集了大批聲援的民眾，其中還有許多的學生……

反黑箱
捍衛民主
反服貿救
反服
三十多年前，同樣也有一批年輕人為了民主挺身而出⋯⋯
阿裕，你看到了嗎？
反服貿救
反服貿學運
這個國家會越來越好的！

國家圖書館出版品預行編目（CIP）資料

民主星火：1977衝破戒嚴的枷鎖 / 張辰漁作者 / 主編、世界柔軟數位影像文化有限公司製作、陶曉嫚編劇、爛貨習作繪製. -- 初版. -- 臺北市：前衛出版社, 2022.1
面； 公分
ISBN 978-957-801-993-5（平裝）

1. 漫畫

947.41 110017279

民主星火：1977衝破戒嚴的枷鎖

作者/主編 張辰漁
製　　作 世界柔軟數位影像文化有限公司
編　　劇 陶曉嫚
繪　　者 爛貨習作
漫畫顧問 邱雯祺
田調考據 陳力航
專案經理 賴敏甄
執行編輯 張笠
出版策畫 林君亭
封面設計 許晉維
美術編輯 Nico Chang

出 版 者 前衛出版社
10468 台北市中山區農安街153號4樓之3
電話：02-25865708 | 傳眞：02-25863758
郵撥帳號：05625551
購書・業務信箱：a4791@ms15.hinet.net
投稿・編輯信箱：avanguardbook@gmail.com
官方網站：http://www.avanguard.com.tw

出版總監 林文欽
法律顧問 陽光百合律師事務所
總 經 銷 紅螞蟻圖書有限公司
11494 台北市內湖區舊宗路二段121巷19號
電話：02-27953656 | 傳眞：02-27954100

出版日期 2022年1月初版一刷
定　　價 新台幣300元

《46：1949白色恐怖的濫觴》
售價：300元

二二八事件後的勇敢抗暴　台灣白色恐怖的起始濫觴
軍警闖入校園大規模濫捕學生的四六事件

3月20日，柯景耀與黎元君共騎一台單車，被警察攔下後帶回警局遭到毒打。消息一出後，數百名學生包圍警局，提出釋放兩人以及五大訴求，最終警方只釋放了兩人。隔日，一千多名學生再次走上街頭包圍警局請願，最後警方因人數壓力向學生道歉，但此次包圍行動已驚動中華民國政府當局。

4月6號，陳誠命令彭孟緝立即逮捕學生，並要求被神格化的傅斯年校長與通盤配合政府的謝東閔院長不要干涉逮捕行動，兩人皆間接成為大逮捕行動的幫兇。

日後，柯景耀與黎元君在四六事件後分道揚鑣，陳碧瑛也受到牽連。就此，三人走上不同命運的道路……。

咔嚓—
高级

討選舉舞弊
選舉
好家鄉麵店

立法院長動用國會警察權。
許信良
新精神 民主．效率．擔當
新人物 學養．理想
新桃園 繁榮．潔淨．安康
咪嚓!!